eビジネス新書

No.389

週刊東洋経済

前編

2050年の中国

人が見る
国の未来像

週刊東洋経済 eビジネス新書　No.389

２０５０年の中国〔前編〕

本書は、東洋経済新報社刊『週刊東洋経済』２０２１年7月２４日号より抜粋、加筆修正のうえ、前・後編の〔前編〕として制作しています。〔後編〕の目次は巻末をご覧ください。なお、情報は底本編集当時のものです。（標準読了時間　６０分）

2050年の中国〔前編〕 目次

3つのシナリオ

世界の覇者か、落日の老大国か

2021年7月1日、中国共産党創立100周年を祝う祝賀大会の熱気に包まれた北京の天安門広場。習近平国家主席は、「外部勢力による、中国へのいじめや抑圧を絶対に許さない」などと1時間超にわたり演説。若者を中心とした7万人の観衆は歓呼の声で応えた。

習政権はこの党創立100周年までに農村などの貧困を撲滅し、小康社会（生活にややゆとりのある社会）を実現したと強調。コロナ禍の抑え込みにも成功し、国内での求心力を一段と高めた。

一方、習政権の最終目標は「もう1つの100年」である2049年の新中国建国100年にある。同年までに経済や科学技術、軍事力などの総合国力を米国に並ぶ水準にまで高め、「社会主義現代化強国の建設」を実現。「中華民族の偉大な復興」を果たすとしている。

世界第2位の経済大国としての自信を深め、国内のみならず外交の場でも強硬な振る舞いを重ねる中国に対して、21年6月に開かれたG7（主要7カ国）サミットでは、首脳宣言で台湾情勢や新疆ウイグル自治区の人権問題などに言及。中国はこれに猛反発するなど主要国との溝は深まっている。

だが、中国はいつまでも膨張し続けるのか。習政権が掲げる2049年の青写真は現実となるのか。地政学的に米中の板挟みとなる宿命の日本は、長期のシナリオを想定しながら、独自の中国戦略を練り上げる必要がある。

米国は「小国」になる？

外交や軍事力の基盤となるのは経済規模だ。中国が米国を凌駕して「偉大な復興」を果たすには、長期間にわたって経済成長率で米国を上回り続けなければならない。

この点に関していえば、中国国内では依然、強気論が主流だ。例えば2020年7月、清華大学の鞠建東（きくけんとう）教授は、30年に中国は米国のGDP（国内総生産）を追い越し、50年にGDPは米国の2倍になると予測。中国にとって米国は「小国」になるとまで言い切る。同大学経済管理学院の白重恩院長は、折り返し地点となる35年までの15年間で中国のGDPは106％増と倍増（26～30年は5％、31～35年は4％成長の前提）し、国民の豊かさを示す1人当たりGDPを先進国に次ぐ中等先進国並みにできると予測している。

これに対して、別の見方もある。日本経済研究センターが2019年に発表した世界の長期経済予測では、30年ごろに中国が米国のGDPをいったん追い抜くが、50年代に米中GDPの再逆転が起きる見通しを示している。米国の人口増が続く一方で中国の人口が減ることと、中国の生産性上昇が鈍化するのが理由だ。これは中国から見れば悲観シナリオといえる。

強気シナリオと悲観シナリオ、どちらが正解なのかは誰にもわからない。長期予測をするうえで、最も確かな前提は人口動態だ。この点に関していえば、中国には目下、大きな懸念材料が出ている。少子高齢化の想定以上の進展だ。

国連が19年に公表した世界人口推計によると、中国は10年にすでに生産年齢人口（15〜59歳）がピークアウト。人口構成が経済成長にプラスになる人口ボーナスから、その逆の人口オーナスへの転換が急ピッチで進む。20年に約9・3億人の生産年齢人口は50年には約7・2億人と2億人以上減る。一方、60歳以上の高齢者人口はこの期間に2倍近くまで増え、5億人に迫る見通しだ。

2050年代に米中GDPが再逆転？

—日本経済研究センターのGDP長期予測—

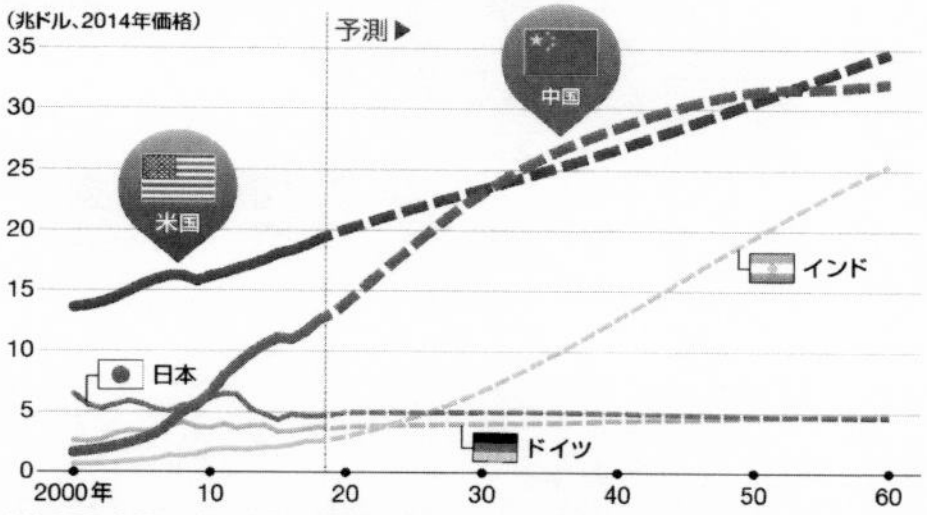

(注)各国の名目ドル建てGDPを、米国のGDPデフレーター(2014年=100)で実質化した値
(出所)日本経済研究センター「長期経済予測」

後発国の優位性が消える

—中国の人口動態推移—

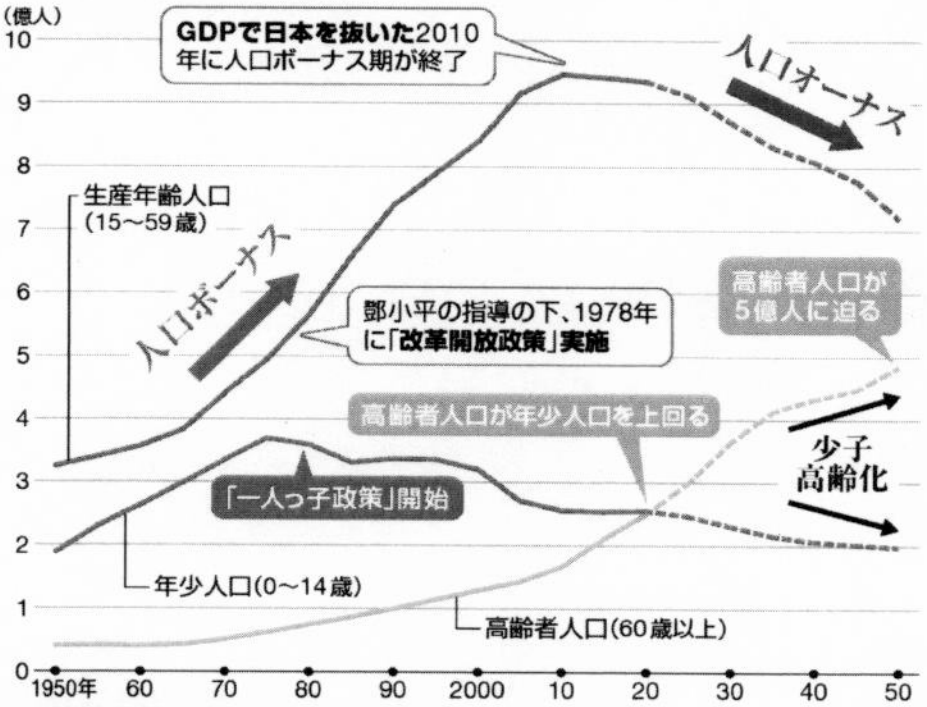

(注)2020年以降は予測
(出所)国連「World Population Prospects 2019」を基に東洋経済作成

これだけでも衝撃的な数字だが、中国国家統計局が2021年5月に発表した10年に1度の「第7回全国国勢調査」では、中国の20年の合計特殊出生率（女性が生涯に出産する子供の数を示す指標）は1・3と日本と同水準にまで落ち込んだことが明らかになった。これは中国当局が目標とする出生率1・8や、国連推計値の1・7（15~20年）を大きく下回る水準だ。

中国はこれまで先進国の技術を導入しつつ、安価な労働力で輸出とインフラ投資を行う「後発国の優位性」を存分に発揮し、高成長を遂げてきた。だが、すでに農村部の余剰労働力は枯渇。野村資本市場研究所シニアフェローの関志雄氏は、「中国は1人当たりGDPで先進国になる前に、高齢化が急速に進む〝未富先老〟（豊かになる前に老いる）に陥ってしまった」と指摘する。

労働投入量の拡大が期待できない中で経済成長を続けるためには、生産性を高めるためのイノベーションが欠かせない。その中心となるのは民間企業だ。しかし、20年11月の政府当局によるアントグループの新規上場延期をはじめ、規制当局はビッグテック企業への締め付けを強めている。これが将来的な中国のイノベーション発展にとって大きな阻害要因になることが懸念されている。

3つのシナリオ

中国はこの人口問題を克服して世界の覇権国家になるのか、はたまた衰えゆく老大国になるのか。50年までの中国のシナリオを決定づける大きな変動要因となりそうなのは、①習主席の任期と、②改革の進展、③台湾有事の3つだ。

中国の方向性は時の指導者によって大きく変わる。任期については、2022年秋の党大会で習氏が党総書記に3選され、安定的な独裁体制が確立するというのがメインシナリオだ。

習政権が強い指導力を発揮し、所得の再分配や社会保障制度改革、投資・輸出依存型の経済から内需中心の消費型経済への転換など踏み込んだ構造改革に取り組めば、経済成長の減速もある程度抑え込むことができるだろう。その期間は国内外で現在の強硬路線を継続し、「強権的な覇権国家」を志向するための条件が整うわけだ。

国連推計によると中国は36年に高齢者比率が21%を超える超高齢化社会へ突入。経済改革が進まず成長が鈍化すれば、社会保障の負担増で活力を失った「老大国」化が急速に進む可能性もある。格差拡大による社会の不安定化も視野に入れておく必要があるだろう。

また中国による台湾の武力併合にも注意が必要だ。性急に強行すれば、米軍の介入含め国際社会の風当たりが強まることは必至。第3のシナリオとして、習政権の求心力が急速に低下し、「内部瓦解」につながる可能性もゼロではない。

対立が続く米中関係は、中国の国力に見合う形で、いずれ新たな均衡に到達するだろう。目前の事態に没入せず、一世代先を見据えて中国と付き合うしたたかさが日本には必要だ。

(秦　卓弥)

「2つの100年」の間に起きる重要イベント —中国の未来年表—

- **2021年**
  - 中国共産党創立100周年
- **22年**
  - 北京冬季五輪
  - 宇宙ステーション「天宮」を完成・運用開始
- **23年**
  - 習近平国家主席が3期目も続投か
- **24年**
  - 米国大統領選挙
- **25年**
  - 「世界の製造強国の仲間入り」(中国製造2025)
  - **高齢者比率が14%**の高齢化社会へ
  - 公的介護保険制度を全国導入
- **27年**
  - 人民解放軍創設100年
  - インドが人口で中国を抜き世界1位に
- **30年ごろ**
  - GDPで中国が米国を抜く
  - 炭素排出量を減少に転換
  - 原発の発電容量で中国が米国を抜く
  - 月面基地の建設を開始
- **35年ごろ**
  - 1人当たりGDPを20年比で倍増
  - 年金基金が枯渇(中国社会科学院の試算)
  - ガソリン車の販売を全廃
  - 軍の近代化を完了
- **36年**
  - 高齢者比率が21%の超高齢化社会へ
- **40年代後半**
  - 火星へ有人飛行
- **49年**
  - 建国100周年
  - 「中国の偉大な復興」を達成
  - **世界一流の軍隊**を全面的に実現

(出所)取材や国連推計、現地報道などを基に東洋経済作成

INTERVIEW

「中国の未来はあまりにも不確実　人口減の影響は世界に広がる」

歴史家・文化人類学者・人口学者　エマニュエル・トッド

人類史に残る数々の出来事を予言してきたフランスの学者、エマニュエル・トッド氏。最近では米トランプ政権誕生や英国のEU（欧州連合）離脱などを的中させた。同氏から見た2050年の中国とは。

【ポイント】
・中国の強い愛国心は世界にとってリスク
・中国のリベラル化、西洋化は期待薄
・人口減少で中国の強硬さは軟化も

――中国について、どのような予測をお持ちですか。

この点について、今の私にははっきりとした見解がないというのが正直なところだ。中国は不確実な国であり、熟考が必要な国だ。もし確実な点が1つあるとすれば、中国が世界を支配することはありえないということだろう。しかし、その他の点、例えば中国が勢力として達成できるレベルや内部の危機の可能性については不透明な部分が多い。

中国は非常に特殊な研究対象である。最大の理由はその規模の大きさにあるといえる。グローバル化という文脈で見た時、中国の生産年齢人口が増加するということは、世界規模で安価な労働力が豊富であることを意味していた。だからその傾向が逆転すると、負の影響もまた世界規模に広がるのは間違いないだろう。

例えば日本の大企業は、国内の生産年齢人口の減少に対処するために生産の大部分を中国に移してきた。そのため、今後の中国の生産年齢人口の減少は日本にも影響を与えるだろう。ただし、ここでお話しするのは私の結論ではなく、あくまでこれから私が取り組もうとしている研究の出発点であるとお断りしておきたい。

――なぜ中国に関する分析は難しいのでしょうか。

私は予見をするために人口データを用いる。例えば過去にソ連の崩壊を予見したことがあるが、それは乳児死亡率から導き出した。人口データは経済データよりも信頼性が高いという考えに基づいて研究をしてきた。というのも、人口は捏造ができないデータだからだ。

しかし、5月に中国国家統計局が国勢調査の発表を行った際に、この基本的な原則が中国では通用しないことが明らかになった。確かに中国では高齢化が進み、同時に生産年齢人口も減少していくだろう。しかしその速度や規模を測るためには人口データの精密な批判的分析が必要不可欠だ。中国での（合計特殊）出生率はこれまで1・8だと思われてきた。だが、もしかしたらかなり前から1・3だったかもしれない（編集部注：国家統計局は目標とする出生率を1・8と想定。ただし、5月発表の20年国勢調査で、合計特殊出生率が1・3になったと公表）。この結果からはそれぞれ大きく異なる2つのシナリオが描ける。

これまでのシナリオの場合は、世界は中国に対抗するために、力を合わせなければいけない。ところが新たなシナリオの場合は、中国が危機を乗り越えるために、世界は支援の手を差し伸べなければいけない。このように、統計の結果一つで大きく異なるシナリオが描けてしまうのだ。

中国に関する分析はたいへん困難な仕事になるので一人ではできない。優秀な人口学者らとともに進めることになるだろう。すべての年代の出生率、死亡率、そして中国が発表した人口調査のデータなどをひたすら集めることから始める。すると必ず矛盾が現れるので、その都度、仮説を立てて考察を進めていくことになるだろう。

――7月1日に中国共産党が創立100年を迎えました。

中国共産党の成功には多くの理由があり、共産党の正統性というのが、第2次世界大戦後の中国国家の独立と関係していることなどが挙げられる。

今日まで共産党という名称は変わっていないものの、その意味は変遷してきた。そもそも共産党は中国の家族文化そして社会文化に内包されている平等という価値観に基づいていた。やがて官僚制度的な側面を強め、指導者グループを選択するマシンとなっていった。今日では共産党に入党するというのは、革命的な思想からではなく、あくまで社会階層を上り詰めるためである。このような意味において、今の中国における共産党の根本的な価値、またその唯一の正統性はナショナリズムだ。中国共産党は中国ナショナリズム党ともいえる。

——専門の家族構造から見ると、中国社会の特徴は。

私は家族構造の専門家として、これまで中国の民主化をまったく信じてこなかった。中国の家族構造は、強い権威に基づいた共同体家族構造であり、同時に強い平等の価値観も持っている。同じ家族構造カテゴリーに属するほかの国などと比べても、中国はその特徴を強く備えている。

また、権威と平等の価値観は共産主義の基本的な価値観でもある。そのため、中国で共産主義が成功した。この家族構造があるからこそ、中国では権威主義と、「ネオ・全体主義」と私が呼ぶものが生き延びたと考えられる。

——2050年までを見据えたうえで、中国について考えられるシナリオを教えてください。

まず、先にも述べたとおり、中国が世界を支配するというのはありえないと思っている。また、中国の高齢化はさらに深刻化していくだとか、それに伴って生産年齢人口が減少する、成長にもブレーキがかかる、などというのは一般論としては簡単に言える。

しかし、それを超えたところでの予見となると、中国にはまだまだ不確実な側面が多すぎる。中国が直面している人口の危機というのが、いったいどれほど深刻なものになるのかはまだわからないというのが正直なところだ。

日本やドイツなどが人口減少という危機に直面したとき、日本は生産の一部を中国などに移したり、ドイツは移民を受け入れたりしてきた。しかし中国のそのとてつもない人口規模を踏まえると、同じような解決策は通用しない。

——巨大な人口規模のため、社会が変化に柔軟でないと。

物事を不確実にしている要素として、中国のシステムの硬化、権威主義的な側面の台頭、そしてある種の愚かさが挙げられる。ある英国の経済学者がロシアのシステムについて、「構造的に導き出される愚かさ」と表現したことがある。中国を脅かすものはその人口の落ち込みに加えて、この全体主義的で権威主義的な官僚システムという構造自体がもたらす、規模の大きな愚かさでもある。

しかし、この点を数値化するのは非常に難しい。だから今は謙虚な態度ではっきりと、「中国の将来についてはわからない」と言うべきだと思っている。

中国と共存の道を

――全体主義や権威主義が席巻する中国と、世界はどのように向き合えばよいのでしょうか。

中国と共存する道を探らなければならない。中国が西洋社会のように資本主義化や自由化を果たすことを待っているような態度はナイーブだというしかない。もちろん、私は個々の中国人が思考できないとか、それぞれが自由な個人として行動できないと言っているわけではない。

世界と中国を考えるうえでカギとなるのが、中国の人口流出である。中国から出ていく人々は学生だけではなく、意識的かどうかはさておき、リベラルな傾向を持つ人々だと考えられる。この動きは逆にいえば、中国国内の権威主義的傾向を強めることにもつながっている。

まさに、今の中国支配層の大きな課題というのは中国文化に残り続けている平等主義である。中国には日本にも見られる新儒教主義の影響も色濃く残っているが、中国と日本は異なっている。

まず、日本とは違い、中国は革命が起きる社会なのだ。今の中国では社会的な不平等が拡大し、これこそが中国のシステムの不安定さにつながっている。世界にとっての真のリスクとは、中国の指導者層が国民のナショナリズム感情を高め、それを社会制御の手段にしてしまっている点だろう。その点が、中国にいる平等主義的な価値観を基盤に持つ人々を、周辺国や米国との対立に巻き込んでいってしまっている。

西洋の人々は、中国人はもっとリベラルになるべきだとか、もっと個人主義的になるべきだ、などと言いがちだが、個人主義が中国にとって基礎的な価値観ではない限り、それは響かないだろう。これからの世界は、中国が抱える問題を認識していると中国に対してはっきりと公言していく必要があるだろう。それこそが紛争や戦争の回避につながるからだ。

――今の世界は米国を中心に中国と対抗する道を進んでいます。

（世界と中国を見るうえで）まずは根本的な中国のジレンマについて認識する必要がある。中国のシステムは全体主義的な傾向を持つモデルと定義されつつある。国が国民を制御し、また反個人主義的な側面が強いなど、いわゆる西洋社会の価値観とは真逆にあるものとして台頭してきている。これは世界全体にとっても問題だが、中国の人口規模とそれが直面している危機を踏まえると、世界は中国と一緒に生きていかなければならないのも事実だ。

ソ連の共産主義に対して「封じ込め」という政策が取られたことがあるが、今、世界は直面している問題に賢く向き合う必要がある。中国に対して、確固たる態度を取りつつも、理解を示す。拒否しつつも寛容である、そんな両面が必要になってくるだろう。中国という存在は消えてなくならない。だから、共存の道を探らなければいけないというわけだ。

中国勢力に対して、米国、英国、カナダや豪州などを含むアングロサクソン系の勢力があり、その人口は約5億人に上る。もちろん、米国の技術面におけるダイナミズムは確かなものではあるが、一方でその社会の根本的な力のレベルやダイナミズムということに関しては疑問が残る。またバイデン米大統領が欧州に対して反中国の立場を取るように求めるなど、米国側も非常に高い不確実性を内包している勢力だ。

――今後の予想が難しい中国の隣にある国として、日本はどのような道を探るべきなのでしょうか。

この問題は日本だけで考えるべきことではない。米国やその他、中国の隣国とともに考えていくべきことだろう。とにかく、中国との戦争を避けることだ。中国の衛星国にならないようにしながらも戦争は避けるべきである。

この地域圏には核による恐怖の均衡がない。中国と米国は核保有国で、それぞれの同盟国を守るという役割を担っている。ただし、はたして米国が同盟国を守るために、核の力をどこまで発揮するのか。それは不透明だ。

核保有で戦争を避けられるとの考え方に基づき、昔、私は日本が核兵器を持っていないのはおかしいと言ったことがある。今日、中国が南シナ海などで軍事的な存在感を高めているのも、核の均衡がないことからきていると思われる。この地域に核がないため、今の中国の軍事力の高まりも「合理的な結果」と見なすことすらできるのだ。日本は中国に対して譲れない点はしっかりと主張したうえで、戦争は避けるべきだ。実現するには、ロシアとの協調がなければ難しいだろう。近年では米国や欧州のロシア嫌いという傾向のせいで、ロシアは中国の同盟国のように見られるようになってしまった。ただ、ロシアこそ中国と隣接している国であり、日本と同様に中国を恐れているのだ。

一方で、米国にとって日本の重要性は近年さらに高まってきている。だから今こそ日本はこの影響力を利用し、米国とロシアの仲介の役割を担えるのではないだろうか。

世界は特殊な局面に入ってきたと感じている。中国は強国としての自身の勢力の高まりを明確に認識し、ある種の傲慢さすら見せている。しかし、この態度は中国国内の人口が減少していく過程で、ある程度和らいでいくはずだ。だから周辺国が戦争を避けながら何とか今の状態を維持できれば、徐々に新たな均衡が生まれるのではないだろうか。

まさに考えなければならないのは、中国に対して確固たる態度を崩さずに、しかし、軍事的な対立という〝わな〟にはまらないようにするにはどうしたらいいのか、ということなのである。

（聞き手・林　哲矢、秦　卓弥／構成・大野　舞）

エマニュエル・トッド（Emmanuel Todd）

1951年フランス生まれ。ソルボンヌ大学で歴史学を学んだ後、英ケンブリッジ大学で博士号取得。各国の家族制度や識字率、出生率、死亡率などに基づき現代政治や社会を分析し、ソ連崩壊やアラブの春、トランプ米大統領誕生、英国のEU離脱などを予言。『経済幻想』『帝国以後』『シャルリとは誰か？』『グローバリズム以後』など著書多数。

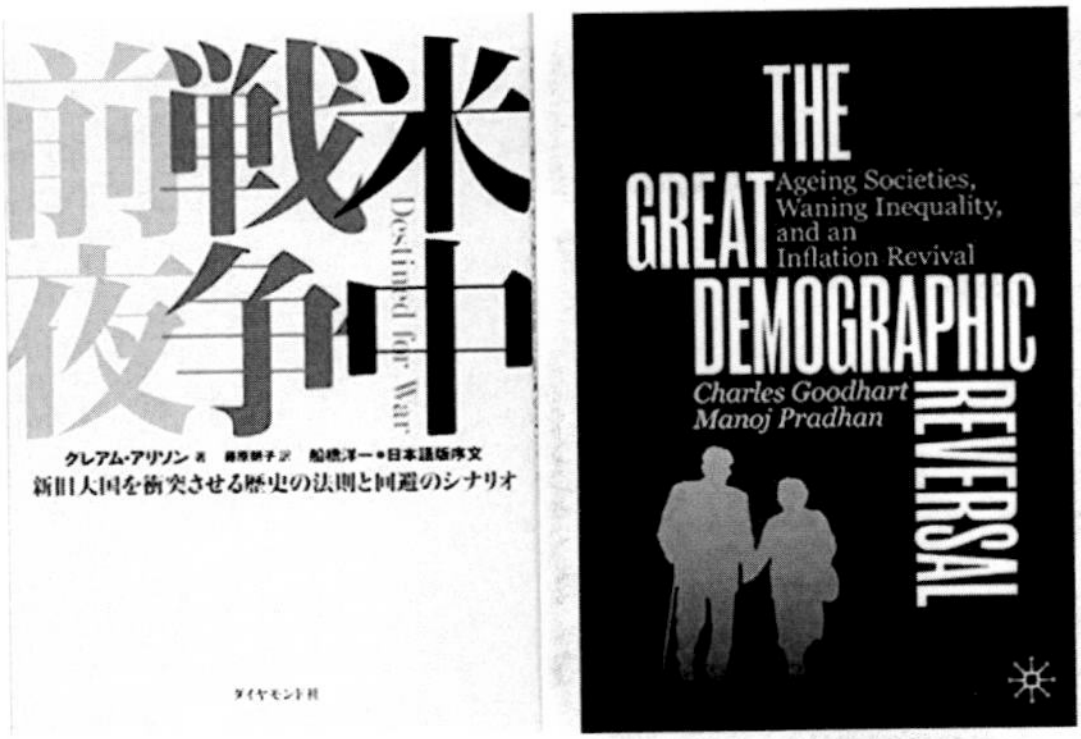

トッド氏がインタビュー中に薦めてくれた本。
中国と世界の今後を読み解くヒントになる

【地政学】大国化するインドが重要に

米中激突はありうるのか

1971年7月9日、ヘンリー・キッシンジャー米大統領特別補佐官（当時）が極秘訪中し、中国と世界の関係は改善に向かった。それからちょうど50年の今、中国と世界の関係は米中対立で危機に突入している。

米大統領のために世界の動向を予測する国家情報会議（ナショナル・インテリジェンス・カウンシル）は3月、2040年までを見通した『Global Trends 2040』を発表した。タイトルは「より争われた世界（A More Contested World）」。注目すべきは、今後の世界を占った5つのシナリオのうち3つを対中競争に充てたことだ。

1つ目は「民主主義の再生」という楽観シナリオ。中国の衰退とともに米国の主導権が続くという内容だ。２つ目は「漂流する世界」という悲観シナリオで、中国１強の勢いが増すというもの。３つ目は「競争的共存」という中間で、米中は争いながらも共存の道を歩むという中身だ。

■ **米政府が描く今後の世界と中国の行方** ―国家情報会議による2040年までのシナリオ―

米国にとっての見方	世界	中国
○ 楽観	米国と同盟国との協力により開かれた民主主義が広がり、技術革新が続く	▶高齢化、官民の過剰債務などにより、個人消費主導の経済への転換が困難。2029年までに中所得国のわなに陥る ▶社会統制と監視がイノベーションを阻害。30年代には新興国との競争で劣勢に
× 悲観	国際秩序が混乱し、OECD各国は低成長、社会の分断、政治の停滞に直面する	▶中央政府の統制によるインフラへの集中投資が経済面などで成功、30年までにGDPで米国を抜く ▶軍事面でも成長を続け、35年までにアジアでは確固たる地位に。台湾と統一への話し合いの開始も
△ 中間	米国と中国は競争しつつも共存し、国際問題に対処。気候変動などは長期課題として残る	▶米中貿易摩擦が20年代後半まで続くが、経済成長のために共存の道を探る ▶30年代には安全保障上の問題や価値観の相違を留保したうえで、米国と協力も

（出所）National Intelligence Council『Global Trends 2040』を基に東洋経済作成

なぜ、米国はここまで中国への対抗意識を強めるのか。米ハーバード大学のグレアム・アリソン教授は、「経済力での対等のみならず、中国の躍進は『米国こそが世界のトップ』というアイデンティティーそのものを脅かす存在だからだ」と指摘する。同教授によると歴史上、新興国の成長とともに既存の覇権国との力関係が崩れた場合に戦争が起こりやすくなる。古代ギリシャの歴史家トゥキディデスが説いたアテネとスパルタのペロポネソス戦争を挙げ、同様の事例を「トゥキディデスのわな」と呼ぶ。「第1次世界大戦時の覇権国の英国と新興国のドイツも同様だ。今の米中は『トゥキディデスのわな』に陥っている」と話す。

米ワシントンのシンクタンク、カーネギー国際平和財団でアジア政策を専門にするジェームズ・ショフ上席研究員は、「米中関係の転換は、オバマ政権の2期目からトランプ政権にかけてだった。中国の国内企業優遇策や知的財産の侵害などに対して、米国の産業界からの不満が高まったのが大きなきっかけだ」と言う。米国の外交・安全保障政策が専門の笹川平和財団・渡部恒雄上席研究員も「1972年のニクソン大統領の訪中から始まった米国の対中関与政策は、経済成長を促すことで国際協調と民主化移行を期待するものだった。オバマ政権時代にその期待が裏切られ、権威主義的な姿勢を強める中国に対して、協調的関与の失敗が明確に意識されるようになった」と、米政権内の変化を読み解く。

米国の対中観の変化とともに、足元では覇権争奪が繰り広げられる。今後の長期戦に備え、戦略の具体策を論じる動きも出始めた。

1月下旬、「The Longer Telegram（より長い電報）」という匿名論文を米シンクタンクの大西洋評議会が発表した。タイトルは米外交官ジョージ・ケナンによる1946年の有名な論文、「The Long Telegram（長い電報）」を模している。ケナンは同論文で冷戦時の対ソ封じ込めを提唱した。今回の論文は、習近平国家主席こそが中国の害悪とし、習政権と中国共産党との分断、米国のレッドライン（越えてはならない一線）提示の必要性などを説いている。

ショフ氏は「さまざまな思惑が交錯する中、①知的財産を盗んだり、米国の開かれた経済から搾取したりしにくくする、②競争力を強めるため国内経済により投資する、③同盟国や国際機関との関係を強化し、軍事面でもさらなる抑止力を確立する、という3点で、米国の方向性は一致する」と話す。渡部氏も「今後の米国は現実的には中国経済を切り離せないにしても、これまでの協調的要素が薄れ、競争的な関与政策となる」とみる。

米国の対中政策は50年ぶりに大転換 ―米国の政権と対中姿勢―

ニクソンからオバマまで	政権	トランプ以降（バイデン含む）
1970年代～2010年代後半	時代	2010年代後半以降
Cooperative Engagement（支援と関与）	対中姿勢	Competitive Engagement（競争と関与）
1972年 ニクソン訪中	主な出来事	2017年 トランプ政権発足
79年 米中国交正常化		17～18年 国家安全保障戦略（NSS）と国家防衛戦略（NDS）で対中政策を「競争」と定義
89年 天安門事件		18年 ペンス副大統領がハドソン研究所で対中批判演説
99年 米軍機、在ユーゴスラビア中国大使館を誤爆		20年 ポンペオ国務長官が「関与政策」を「失敗」と演説
2001年 中国のWTO加盟。米国が支援		21年 バイデン政権発足。対中強硬姿勢続く
03年 米中協力の下、北朝鮮問題で6カ国協議開始		
09年 オバマ政権発足。G2体制を模索		

（出所）各種資料、取材を基に東洋経済作成

中国の次はインド

アジアの地政学から見たとき、重要なのがインドだ。日本経済研究センターのGDP（国内総生産）長期予測（19年発表）によると、2050年にインドの経済規模は日本の4倍となり、米中に次ぐ3番目の経済大国となる見通しだ。

アジア通として有名なハーバード大学のジョセフ・ナイ教授は、「対中を意識した場合、国際政治におけるインドの重要性はさらに高まる」と予測。インドはヒマラヤ山脈地帯で中国と国境を争う。渡部氏も「インドは中国に代わる巨大なマーケットにも中国に対抗する軍事的ライバルにもなりうる。日本にとっては中国の一方的な軍事力行使を抑止するためにも、インドの存在が重要になる」とみる。

一方、インド系シンガポール人であるシンガポール国立大学のキショール・マブバニ名誉フェローは、「インドと中国の関係は良好になる」と予測。「国境問題を抱えているものの、経済面から考えればささいなこと。現在の国境線を基にいつかは合意に至る。両国にとって平和的、経済的な側面の発展のほうが利益は大きい」と指摘する。

ただし、「インドの問題は経済を開放しないこと。開放しないと国際競争力は保てない。とくに、インドの東アジア地域包括的経済連携（ＲＣＥＰ）からの離脱は失敗だった」という。

アリソン教授は「過去５００年でトゥキディデスのわなが起きた１６回のうち、１２回が戦争に至った。ライバル同士の誤解や誤算が増幅し、双方が望んでいない惨事を招いた」と警鐘を鳴らす。建国１００周年の４９年に向け強国化を目指す中国を軸に、世界に波乱が待ち受ける。

（林　哲矢）

INTERVIEW

「米中逆転はありえない　中国の弱点はソフトパワー」

ハーバード大学特別功労教授・ジョセフ・ナイ

米国を代表する国際政治学者である米ハーバード大学のジョセフ・ナイ教授。中国が成長する中、日米同盟が強固でなければ中国の挑発が続くと説く。

【ポイント】
・共産党の言論統制は国家の活力を削ぐ
・米中は協調的競争関係へ。協力しつつ競争
・日本の対中戦略のカギは強固な日米同盟

――貿易戦争が過熱するなど、足元では米中対立が深まっています。

米国の対中政策は共和党、民主党の超党派の合意だ。中国は経済、軍事などで公平な態度を取っていないという考え方に基づいている。とくに、中国は貿易ルールを自国に有利な方法でうまく操っているというのが超党派の意見だ。中国は国有企業に補助金を出したり、外国企業の知的財産を奪ったりするために、巧妙に動き、日本を含む西側諸国の経済的な利益を損なっている。貿易面でフェアではない。貿易戦争の火を誰がつけたかといえば、明らかに中国だろう。

その結果、トランプ政権で両国間の緊張は高まり、バイデン政権でも状況は変わらず続いている。ただし、バイデン政権の対中政策はトランプ政権とは違う。より同盟国を重視した姿勢だ。

現在の状況をかつての米ソ時代の「冷戦」に例える人もいるが、私はそう思わない。冷戦時、米ソ間の貿易はほとんどなかった。だが、今の米中の貿易額は数千億ドルにも及ぶ。また当時は米ソ間では社会交流がなかった。一方で今は、約30万人の中国人留学生が米国の大学・大学院で学び、多くの中国人旅行者が米国を訪れる。

――中国はコロナ禍においても、主要国で唯一プラス成長を維持しました。経済成長を続ける中国はいずれ、GDP（国内総生産）で米国を抜くことが予想されています。国力の差は開きそうですか。

答えはノーだ。中国が米国を追い抜いて、世界最大の超大国になるとは思わない。まず経済面からだ。確かに中国が今のような高成長を続けられれば、2030年ごろにGDPで米国を追い抜くことは可能だろう。だが、主に3つの問題に直面する。

1つ目は高齢化だ。一方の米国は、移民を受け入れているため生産年齢人口の増加が続く。2つ目は経済モデルだ。（政府が牽引する中央集権的な）中国の成長モデルは当初は効率的だった。ただ、より洗練された経済モデルに転換するのは難しく、中所得国のわなに陥る可能性がある。3つ目は環境問題だ。中国経済は過度に石炭に依存している。農業の問題もある。世界中で気候変動への対応が広まる中、環境面の課題は、中国の成長を妨げるものになるだろう。たとえGDPで肉薄しても、（各国民の豊かさを示す）1人当たりGDPでは追い抜くことはない。

経済力に加え、軍事力（ハードパワー）で米国を超えることはない。中国の軍事力は確かに大きくなっているが、世界への展開を見た場合、米国には遠く及ばない。

ソフトパワー（文化や政治的価値観などの魅力）でも同様だ。さまざまな意識調査を見ても、中国への好感は米国に大きく劣っている。２００７年の中国共産党第17次全国代表大会で、共産党として「中国のソフトパワーの拡大」を訴えた。そのソフトパワーには、２つの課題がある。

まずアジア各国との国境問題だ。日本、インド、ベトナムなどと国境問題を抱えており、対立が絶えない。

次に、共産党による厳格な統制だ。例えば香港の現状を見ると明らかだ。言論の自由、報道の自由への規制や政治的発言への監督などは、中国を魅力のない国へと導いている。そもそも国の活力というものは、市民社会から生まれるものだ。政府からは生まれない。中国の市民を厳しく監視し、社会を統制しようとする姿勢は、社会の活力を奪うものとしか言いようがない。

中国を魅力的だと考えている国は、アフリカには多いかもしれないが、アジアや欧州など世界では少数だ。

――米中関係の未来をどのように見通しますか。

米国はバイデン政権の下、同盟国との協力姿勢を打ち出している。多国間協力に基づき国際秩序を重視する今の方針はしばらく継続するだろう。また中国も国際秩序の維持に貢献するだろう。なぜなら、そうすることが中国の利益になるからだ。例えば、中国は世界貿易機関（ＷＴＯ）加盟で恩恵を享受した。

気候変動やパンデミック、大量破壊兵器、核の不拡散、北朝鮮問題など、米中が協力するべき分野はたくさんある。したがって、米中は「協調的競争関係」を歩むといえる。ある分野では協力しながら、ほかの分野では競争する。バイデン政権は両面の重要性をよく理解している。

米中間の問題で重要になるのが日米同盟だ。中国が成長する中、日本に備えがなければ中国からの挑発が続くだろう。日米同盟があれば、中国の脅威は和らぐ。

その1つとして、日本のファイブアイズ（米国、英国、カナダ、豪州、ニュージーランドからなる機密情報共有の枠組み）加盟が考えられる。日本が加盟すれば、深いレベルでの機密情報の共有が可能となる。

またインドの存在も大きい。成長を続けるインドは国際政治でも存在感を増している。インドはヒマラヤ山脈地帯で中国と国境を争う仲でもある。クアッド（日米豪印で構成する安全保障や経済の枠組み）で協力関係を強めるのも、対中戦略として有効だ。

（聞き手・林　哲矢）

ジョセフ・ナイ（Joseph Samuel Nye Jr.）

米ハーバード大学で政治学博士号取得、1964年から同大学で教鞭を執る。77〜79年国務副次官。93〜94年国家情報会議議長、94〜95年国防次官補。

【共産党】「国家空間インフラ」で世界を監視

習近平の地球丸ごと大革命

九州大学准教授・益尾知佐子

2050年の中国はどうなっているか。それを読み解くため、まず習近平・中国共産党総書記の歴史的使命感に注目し、それから彼の退出後の中国を考えてみたい。

2021年7月、中国共産党は設立100周年を迎えた。1日の天安門広場での記念式典に続き、6日にはオンラインで「中国共産党と世界の政党指導者のサミット」を開催。ここで習近平はこう宣言した。「中国共産党は、今後も各国の政党や政治団体とともに、**歴史の正しい側、人類の進歩の側に立ち**（強調筆者）、人類運命共同体の構築を促進してよりよい世界を築くため、新たな、より大きな貢献を果たしてまいります！」。

習近平はこれまで国内で類似の発言をしていたが、ついに世界に明確な発信を始めた。スピーチの前段では、「中国は国際秩序の擁護者だ」「人類を正しい方向に牽引していくのが政党の責務だ」などとも強調していた。彼は自分では正義の味方のつもりだ。

では習近平の歴史観はいかなるものか。筆者は最近、総書記就任後の彼のスピーチを読み直し、その一貫したロジックに改めて気づかされた。彼の歴史観は、「マルクスの唯物史観」に対する中国共産党的な理解に、独自見解をプラスしたものだ。

習近平政権が考える
「マルクスの唯物史観プラス」

（出所）筆者作成

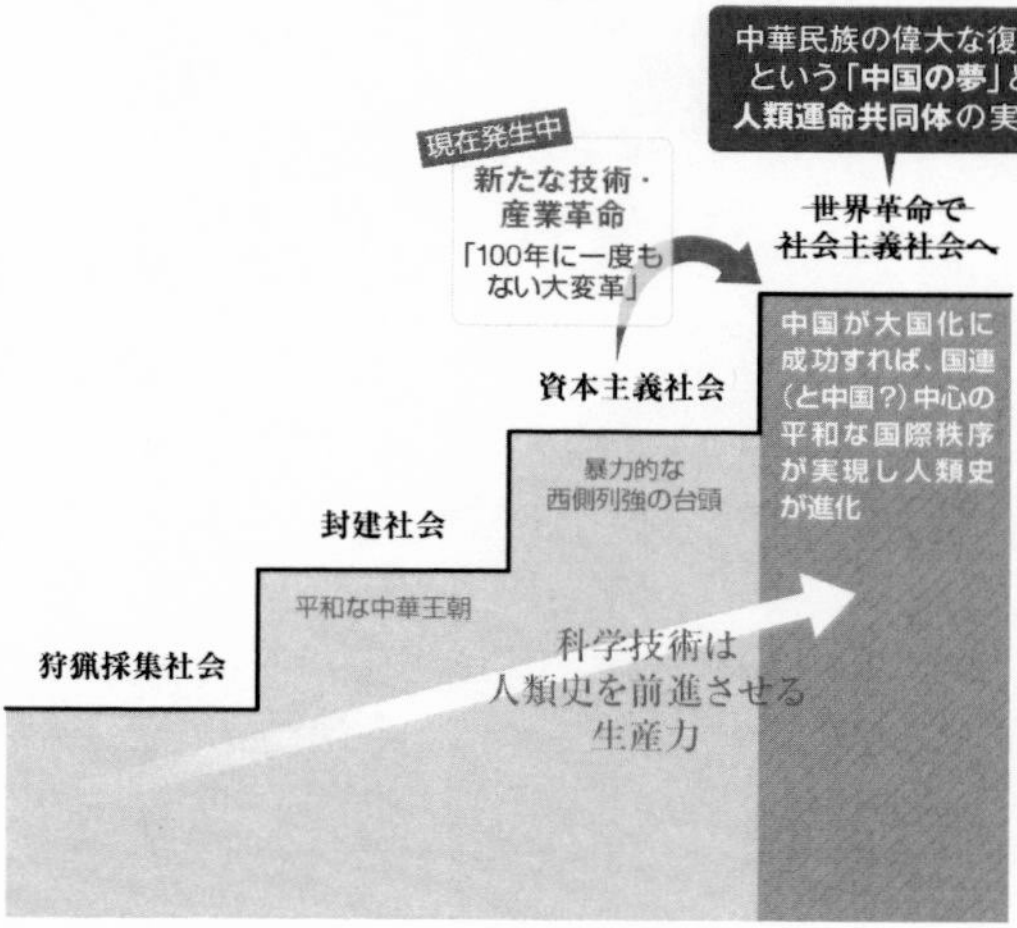

まず、中国共産党の公的な歴史観に触れておきたい。同党はマルクス・レーニン主義を標榜する。マルクスは唯物史観を唱えたが、これは生物と同じく人間社会も段階的に進化する、それは物的基礎の変化による、という考え方だ。

人間が技術を獲得すると、社会の生産様式が変わる。それによって人類社会は、狩猟採集から資本主義社会へと進化を遂げた。これを社会主義社会に進めるには、共産党の下で武装革命を起こし、資本家を打倒していくほかかない。

中国共産党はご都合主義で、今はその理論全体を維持してはいない。だが段階的歴史観の影響は強く残る。党は、自分たちが人民を導いて切り拓く次の時代は、今よりずっと明るいものになると主張する。自分の存在意義と歴史観を結びつけて考えるのだ。

さて、では習近平のオリジナリティーはどの部分か。彼はナショナリストで、かねて「中華民族の偉大な復興」に強い関心を示していたが、総書記に就任するとそれを「中国の夢」と呼んだ。同時に「人類運命共同体」を唱え、世界各国と民族が仲睦まじく暮らす平和な世界を実現しよう、と主張し始めた。色あせた社会主義に代え、中国人と人類が目指すべき新たな理想を再設定したのだ。

次は時代の牽引力についてだ。マルクスは精緻な議論を組み立てたが、鄧小平はこれをシンプルに「科学技術が生産力だ」と言い換えた。習近平はそれを全面継承し、人類を前進させるエンジンとして、科学技術、中でも戦略分野のイノベーションを重視する。この傾向は15年に強まり、そこから国家級の軍民融合戦略や「中国製造2025」が派生した。

2017年になると、習近平はさらなる歴史認識を開陳する。国際情勢について、「今われわれが直面しているのは100年間見られなかった大変革で、中国の発展は現在、前例のないチャンスと挑戦の双方を迎えています」と主張し始めた（12月の駐外使節工作会議）。

日本の対中侵略への恨みは、中国人の歴史観に深く刻まれる。しかし、それを超える歴史的な転換が今、発生中というのだ。

彼の考えをまとめるとこうだ。アジアではかつて中華王朝が、平和で文明的な秩序を築いていた。だが19世紀、産業革命を実現した西側の暴力的資本主義がやって来てそれを破壊した。そのくびきは今も残り、中国や発展途上国を苦しめ続ける。その圧力から逃れるには、現在発生している技術・産業革命で中国が主導権を取り、新時代の社会基盤を先に打ち立てるしかない。そうなれば、国連中心の国際秩序が実現され、発展途上国の発言権も拡大し、世界は民主化し平和になる。

昨今の米中ハイテク戦争は、習近平のこうした認識を確信に変えた。中国がイノベーションに邁進する背景には、「今」に対する彼の政治判断と使命感がある。

国家空間インフラの建設

では習近平の率いる中国は今後、何を進めていくのか。

2021年3月、全国人民代表大会は「第14次五カ年計画と2035年遠景目標の要綱」を発表した。要綱はイノベーション駆動型発展の堅持を謳い、重点領域として「人工知能（AI）、量子情報、集積回路、生命健康、脳科学、生命育種、宇宙科学、深地深海」を掲げた。いわゆる戦略分野に、これから人類の進出が可能になりそうな新領域の開拓を組み合わせた内容だ。

これらを統合的に発展させ、人類の新時代を切り拓く物的基礎の一部として、習近平政権の中国は「国家空間インフラ」と呼ばれる仕掛けを整備している。

中国は21年春、火星に探査機を走らせる世界で2番目の国になり、独自宇宙ステーション（空間站）の建設も始めた。最近はほぼ毎日人工衛星を打ち上げており、宇宙技術の安定性には定評がある。

中国の衛星としては、中国版GPS（全地球測位システム）と呼ばれる「北斗」が有名で、民用精度はすでにGPSを超えた。そのほかにも、陸地、海洋、大気のさまざまな情報を集めるリモートセンシング衛星や、今後1万3000基の追加を予定する通信衛星などがある。近い将来、宇宙ベースのインターネット網も構築予定だ。

ただし、中国共産党らしいのは、それが空だけで終わらないことだ。例えば海上からは、世界の海を航行する各種中国船や、中国が設置した固定・浮遊観測装置やリグが、周辺情報を衛星に送る。地上のデータセンターは衛星経由でそれを受け取り、全体結果をさまざまな形でAI分析する。結果の一部は民間ユーザーに提供され、漁民であれば好漁場の予測データなどを海の上で無料で入手できる。

つまり、中国はこの天空の情報網を、宇宙と陸地・海洋とをダイナミックに結びつける形で一体運用し、応用技術を人民の生活・収益向上にも役立てる。

地球の運行システム全体の掌握を狙う ―中国が建設する国家空間インフラのイメージ―

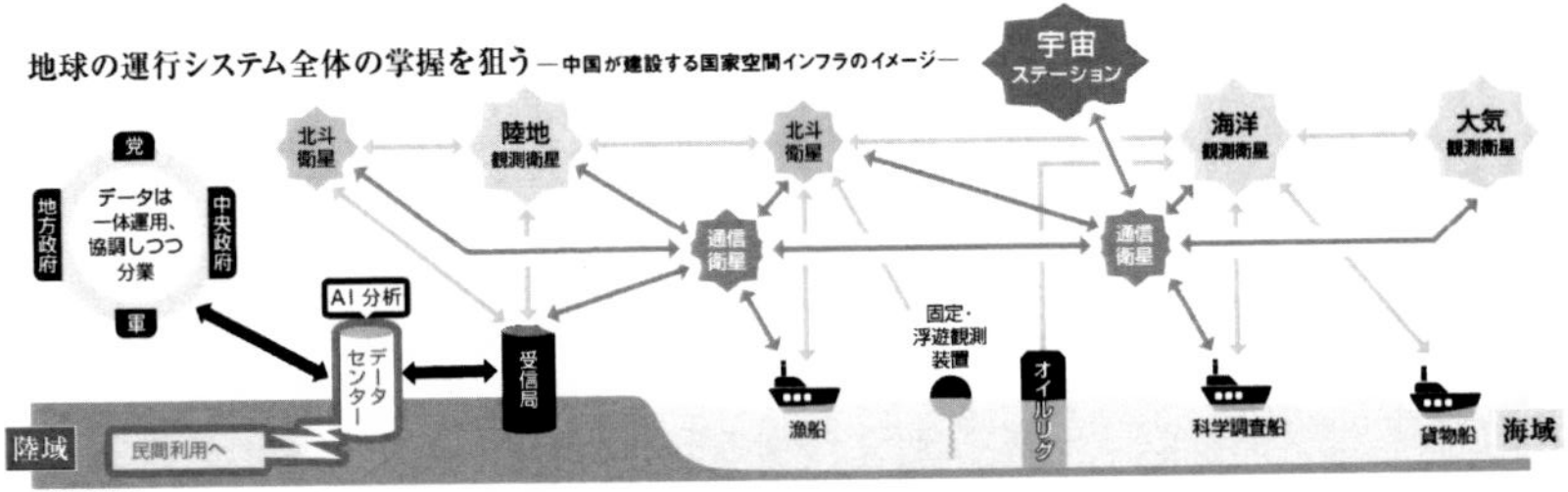

（出所）筆者作成

この仕組みは「国家空間インフラ」と呼ばれるが、実際には地球を取り巻くように構築される。中国はいずれ、これを国際公共財として広く提供していくだろう。

だが、他者から見れば懸念もある。これは究極的には、中国が地球の運行情報を監視管理し、グローバルガバナンスを掌握するツールになる。中国国内で運用されている監視体制を地球規模に広げうるのだ。また、この仕組みを使えば当局とユーザーの緊密な連絡も可能。当局が遠く離れた自国の民間漁船を動員し、具体的な軍事作戦遂行に活かすなども簡単だ。

習近平はしばしば、「力を集めて大きな物事が実現できるという、わが国の社会主義制度の政治的優越性を発揮すべきだ」と述べる。中国共産党はその総合力で、全人類の明るい未来のため、新時代の社会基盤を急ピッチで構築している。

一人っ子が変える中国

では、中国はいずれ、世界で天下を取っていくのか。

筆者は、それが完全に実現する可能性は高くないと考える。中国の勢いに注目が集まれば、米国をはじめ西側諸国はいずれ対抗策を打ち出す。サイバー分野の熾烈な競争はもう始まっているが、宇宙もいずれそうなるはずだ。習近平は中国と発展途上国の利益を一方的に一体視するが、それは共産党の陥りやすい独善的決めつけで、競争が激化すれば国際信用の低い中国に不利だ。一部の発展途上国に歓迎されても、今の言動が続く限り中国は天下は取れない。

もっとも、綱引きの過程では必ずイノベーション競争が発生する。その点では中国は、人類史を前進させる大きな動力になる。

ただし、最大の変数は中国国内にある。現在、習近平の独裁体制は安定している。国内から見ると、彼は格差や環境の問題を改善しコロナを封じ込めた有能な指導者で、もう誰も逆らえない。「2035年遠景目標」を打ち出したことからも、82歳となるその頃まで政権を担い続ける可能性が高い。だが、その反動で彼の後継者は、国の求心力の維持に苦労するはず。

今日、世界に筋力を見せつける「ムキムキ中国」を支えるのは、文化大革命の頃に生を受け改革開放とともに成長した、ストイックで働き者のベビーブーム世代。だが、彼らもいずれ老いる。その後を担うのは一人っ子世代だ。

社会変化の大きな中国では、5年で1世代といわれるほど世代間ギャップが激しい。若い世代ほど、豊かさの中で受験戦争のために純粋培養され、心折れやすく生活力に乏しく、国への貢献意識も希薄。

中国人も人間だ。彼らが国の主力となる2040年ごろには、社会全体が競争疲れの「寝そべり族」モードに入っていくだろう。中国が普通の大国になるまで、何とか日本を持ちこたえさせよう。

益尾知佐子（ますお・ちさこ）
1974年、佐賀県生まれ。東京大学大学院で博士号（学術）取得。2008年から現職。専門は中国外交、東アジア国際政治。『中国の行動原理』（中公新書）ほか著書・論文多数。

「統一圧力」は逆効果

台湾と大陸の心は離れたまま

7月1日、中国共産党創立100年を迎えた習近平国家主席は、台湾統一について「歴史的任務」だと強調し、「祖国統一の大業」を諦めず、執着する姿勢を再度示した。

中国共産党には日米欧列強の侵略による「屈辱の100年」を経て自ら中国を世界的な大国に復帰させた自負がある。結党された1921年時点で台湾は日本の植民地だった。そして第2次大戦後の国共内戦に敗れた中国国民党が台湾へ逃げ込み、冷戦構造の中で米国が同党を支援したため、中台「分断」が固定化。台湾未統一の現状は中国の「屈辱」が継続している象徴だ。

中国は建国100周年を迎える2049年までにこの屈辱を克服しようとしているが、その実現は極めて困難といえる。最大の要因は台湾社会の構造変化にある。圧倒的多数の台湾住民がもはや中国との統一を望んでおらず、中国人意識も薄れているのだ。

台湾の國立政治大学選挙研究センターが毎年実施している台湾の人々のアイデンティティーと統一・独立に対する意識調査によると20年時点で自らを「台湾人」と答えた人が64・3%、「台湾人・中国人両方」が29・9%に対して、「中国人」はわずか2・6%にすぎない。

統一か独立かの問いに対しても20年は「独立」や「現状維持」など広義の独立志向は合わせて86・7%。「統一」を志向しているのは6・6%しかいない。

台湾では1980年代後半から民主化に向けて本格的に歩み出した。大陸から撤退した国民党政権は、もともと中国大陸を統治する前提で作られていた憲法や政治制度を台湾でも適用したが、民主化に際して台湾の実際の統治に合わせた各種制度改革を進めた。民主化の進展は、おのずと政治や社会の「台湾化（本土化）」をもたらした。

多くの台湾の人々は、4年に1回行われる総統選挙で自分たちのリーダーを選び、自分たちは台湾という共同体の一員だという自覚と自信を深め続けている。民主化後に生まれた20代以下を中心とした若者世代は「天然独（生まれつきの独立派）」とも呼ばれ、台湾が1つの国家であることが自然だと考える。世代を追うごとにこの傾向は強まっている。

高まる台湾の存在感

近年の香港情勢も影響している。2019年に顕著になった香港市民の抗議デモに対して、中国当局は弾圧を加え、20年に香港国家安全維持法を施行し、社会の自由を奪い続けている。「今日の香港は、明日の台湾」と台湾の対中警戒感は高まり続けている。

中国は台湾周辺での軍事演習や現地協力者の育成、偽のニュースを流す情報戦など統一のためにあらゆる手段に訴えている。ただ、こうした動きは見透かされ、台湾社会の反発を強める。

欧米を中心に国際社会も台湾への関与を強めている。4月の日米首脳会談や6月の

G7サミットでは台湾海峡の平和と安定の重要性を明記した共同声明が出された。台湾は最先端の半導体産業があることで経済安全保障上の要と重視されているほか、民主主義国の砦として国際的な支持を獲得しており、これまで孤立してきた台湾の存在感はむしろ高まっている。

中国には台湾の武力統一しか手段が残されないだろう。ただ、それには相当の犠牲者を出す覚悟が必要だ。周辺島嶼を攻め落とし、台湾を心理的に追い詰める方法もあるが台湾住民が戦意をなくす保証はない。そもそも武力侵攻を経て統一したとして、台湾社会を本当に掌握できるのか。台湾と中国の意識は離れる一方だ。

（劉　彦甫）

「3期目確定」シナリオの死角

ポスト習近平　4人の後継候補

拓殖大学教授・富坂　聰

2022年秋の党大会で習近平（68）は国家主席に3選され、毛沢東と並び個人崇拝の対象になり、あらゆる権力を掌握する——。

今や誰もが口にする既定シナリオだ。ただ、その見方には〝死角〟もある。意外なことだが習自身、過去に「居座り」を否定する考えを公言している。2014年9月、全国人民代表大会成立60周年祝賀大会でのスピーチ（「中国の特色ある社会主義政治制度に対する自信を固めよう」）でのことだ。

「一国の政治制度が民主的かつ効果的であるか否かの評価は、主として国の指導層が法によって秩序ある交代ができるかどうか、（中略）を見なければならない」

この発言は中国政治の後進性を批判する西側先進国を多分に意識したものだった。「いや、だからこそ憲法を改正し、つじつまを合わせたのだ」と考えることは可能だ。18年には憲法を改正し、国家主席の任期を連続2期10年までとする規定を撤廃している。

しかし、それだけの解釈では早計すぎる。習が指しているのは「指導層」、つまり7人の党中央政治局常務委員（常委、「7皇」と呼ばれる）の定年に関する党内ルール、いわゆる「七上八下」（党大会時点で67歳であれば残り、68歳ならば退く定年制）と思われるからだ。

鄧小平が定年制を敷いたのは、世代交代の促進や権力闘争の激化に歯止めをかけるためだった。定年制を撤廃すれば、そのタガが外れるリスクがあるし、常委を引退させる理由が失われる。

習の独裁化が進んでいるとはいえ、その権力基盤は微妙な党内バランスの上に成立している。だからこそ常委の定年を意識した発言をしたのかもしれない。〝毛沢東化〟といっても現実には障害がなくはないのだ。

その点、「党主席」を新設するとの見立てはハードルが低い。その延長で、にわかにささやかれ始めたのが国家主席と党総書記の分離だ。習が国家主席にとどまり、新たな総書記を選出し若手登用に道を開くというシナリオである。

有力候補は3＋1

常委を兼務しない国家主席など本来なら「お飾り」にすぎない。しかし、総書記就任後に「集団指導体制」という言葉を完全に葬り去った習であれば話は別だ。

党・政・軍のトップポストの分離は、これまでにも前例がある。例えば実力不足とされた江沢民総書記時代の初期には、鄧小平が党中央軍事委員会主席にとどまった。また趙紫陽の総書記時代には、楊尚昆が国家主席に納まっていた。

いずれも長老が「後見」や「監視」の役割を果たすのだが、こうした配置ならば、助走期間もなく若手を登用することができる。

習の〝毛沢東化〟に死角があると書いたのはこの意味である。前回17年の党大会では後継指名が見送られたが、院政を敷きつつ後継者を選ぶ可能性はまだ残っている。

では「接班」（後継者）はどんな顔ぶれなのか。注目株は「3＋1」だ。陳敏爾（びんじ）・重慶市書記、胡春華・副首相、丁薛祥（せつしょう）・党中央弁公庁（中弁）主任、そして番外の番外で宋濤・党中央対外連絡部長だ。

まず陳敏爾（60）。前回の党大会で若手登用の筆頭であったことはおそらく間違いない。その後も重慶市トップとして「一帯一路」の拠点づくりや、5G技術の先進地としての実績を残し、評価は安定している。ただ、いかんせん知名度が不足し存在感も薄い。14億人のリーダーとして力不足は否定できないとされる。

そんな中、前回大会から知名度と評判を〝爆上げ〟した人物がいる。丁薛祥（58）だ。習の視察には必ず同行し、会議ではつねに隣に座る。中弁主任は党の中枢神経のような機能で、あらゆる情報が集まる。総書記との面談では中弁を通すため、丁は自然に要路の人物と接点を持つ。今や大抵の会議で、政治局委員（政委）の筆頭である。

丁は、中弁副主任から昇格したため栗（りつ）戦書（前中弁主任＝常委）の人脈とも思われがちだが、習の国家主席就任（13年）と同時に上海在勤から引き抜かれ国家主席弁公室主任となった、むしろ生粋の習人脈で、その堅実な仕事ぶりが評価された人材なのだ。

ただ、そんな丁にも弱点はある。地方トップの経験がないことだ。その点では陳や胡春華（58）に軍配が上がる。中でも胡は貧しい地方で長年苦労し、最後に広東省でも実績を残した経歴を持つ。

胡は、首相の李克強や前国家主席の胡錦濤の出身母体である共産主義青年団（共青団）出身、いわゆる団派だ。習の団派嫌いは有名で、執拗に規律検査を行い、その冷遇も徹底している。だが胡は、団派のレッテルをはね返す業績を残してきた。党が威信を懸けて取り組んできた農村の「脱貧困」では胡が中心的な役割を担った。

習の影響力が強く残る下での、胡の総書記抜擢ならば、その可能性を排除すべきではないだろう。

最後の宋濤（66）に注目する意味にも触れておきたい。この人物が脚光を浴びたのは中朝外交である。北朝鮮の最高指導者、金正恩（キムジョンウン）が中国の頭越しに米大統領（当時）のトランプと会談するのを阻止し、中国の体面を保った裏工作で活躍した。建党100周年を記念する外交でも大車輪の活躍をしている。

習と宋との接点は福建省時代にさかのぼるが、対北朝鮮外交を担う党の外事領導小組での働きが評価されている。丁の重用と同じく外部からは見えにくい組織や人事に目が離せないのが、習政治の特徴でもある。年齢や現在のポジションから陳、胡、丁とは一線を画するが、中国外交の次のキーマンと考えて間違いない。＝敬称略＝

富坂　聰（とみさか・さとし）
1964年生まれ。北京大学中文系に留学後、中国報道に従事。週刊誌記者を経てフリーに。2014年から拓殖大学海外事情研究所教授。

（注・3氏の略歴）

丁薛祥（党中央弁公庁主任）
1962年9月生まれ。江蘇省出身。機械エンジニアから上海市の官僚に転身。上海市党委員会秘書長として上海党委員会書記時代の習近平を支える。２０１７年から中央政治局委員。

陳　敏爾（重慶市党委員会書記）

１９６０年９月生まれ。浙江省出身。浙江省党委員会書記時代の習近平に宣伝部長として仕える。貴州省党書記時代にビッグデータ振興で評価された。２０１７年から中央政治局委員。

胡　春華（副首相）

１９６３年４月生まれ。湖北省出身。胡錦濤前総書記の側近。チベットで長く勤務した後、共青団第一書記に。内蒙古自治区、広東省で党書記を歴任。２０１２年から中央政治局委員。

INTERVIEW

「中国はインド化するか、6つに分裂し連邦化する」

経営コンサルタント・大前研一

2050年に向けて巨大な隣国はどのように変化し、日本はどう付き合うべきか。2002年に著書『チャイナ・インパクト』の中で「中国は繁栄の法則をつかんだ」と予見し、遼寧省や天津市の経済顧問も務めた経営コンサルタントの大前研一氏に聞いた。

【ポイント】
・ポスト習近平は指導力に陰り
・今後30年間で今がいちばん明るい

・日本企業は巨大な隣国で稼ぎまくれ

――今から30年後の中国の姿は。

2つの突然変異シナリオが考えられる。1つは〝インド化〟だ。中国国家主席の座は5年周期で、習近平は23年からの3期目も続投が確実視されている。一方、長期政権化する中でなかなか後継者の姿が見えてこず、不動産バブルや少数民族問題などの矛盾が露呈して、世界から突っつき回される。指導力に陰りが出た場合、独裁制を終わらせて人民による投票で指導者を選ぼうという流れが出てくる可能性がある。中国も、いずれはインドと並ぶ世界最大の民主主義国家になるというシナリオだ。

インドは何かが進歩すると、それに不満を持つ人たちが選挙のたびに足を引っ張り、1歩前進・2歩後退を繰り返している。私は死んでもこういうことを言うとは思っていなかったが、中国がここまで来られたのは独裁のよさ、全体主義のよさが見事に機能してきたからだ。指導者が「これだよ」と言えば有無を言わさず進められる。

そんな中国も恵まれていない人のほうが数のうえでは多い。2002年に書いた「繁栄の法則」の繁栄は、中国全体のことではない。富裕層から税金をたくさん取って貧しい人に再分配する仕組みができていないのだ。「上に政策あれば下に対策あり」で、米国と同じように富裕層には負担を逃れる人が多く、欧州や日本のようにはいかない。

民主化すればインドと同じように、政治は人民に媚びを売るサービス合戦となり、指導者がすぐにひっくり返されるようになるだろう。同じことは米国や英国でも起きていて、最終的に中国は社会主義的な福祉国家のようにしていかないとうまくいかないということになる。

——もう1つのシナリオは?

北京を盟主として上海や広東、四川など6つに分裂して、英国のように〝連邦化(コモンウェルス化)〟するというものだ。

首都北京や金融都市の上海、そして深圳のある広東はハイテク企業が爆発的に伸びる反面、鉄鋼など古い産業が中心の東北三省は置いてけぼりを食らって不満が蓄積している。日本がかつて「満州」と呼んでいた東北三省は満州族や朝鮮族などの少数民族が暮らしている。新疆ウイグルや内モンゴル、チベットの自治区でも独立を目指す動きがあったが、連邦化することで、香港や台湾も含めて今より丸く収められるのではないか。

それでも単純計算で一つひとつが2億人超の巨大な連邦だ。歴史を見ると中国は大きな1つの国だったときもあれば、春秋戦国時代のように群雄割拠したときもある。もし政治的に失敗すれば6つそれぞれが分離独立するか、6つにならずにすべてがバラバラになる可能性もある。今は少数民族を厳しく締め付けて抑え込んでいるが、漢民族に対する反発は治安や内政面の大きな不安定要素だ。

最大の問題は国有企業

――どちらのシナリオでも先行きは暗いということですね。

中国がいちばん明るいのは今ではないか。例えば、平安保険グループが手がけるオンライン医療サービスの「グッドドクター」。日本のオンライン医療は「かかりつけ医に限定する」など意味不明の認可方針だが、グッドドクターは登録されている数万人の医師にすぐに診察してもらえる。アリババやテンセントも同じことをやっていて医者の奪い合いになっている。

中国はヘルスケア関連の規制が日本や米国に比べて緩く、健康データをすべてネット上で管理し、「あなたは1カ月ここで治療しなさい」と言って金持ちを高級リゾートに呼んで稼ぐ企業もある。こうしたヘルスケアやフィンテック、ＩＴの分野がとくに栄えており、その明るさは半端じゃない。

一方、中国の最大の問題は旧態依然とした国有企業だ。アントグループのようなフィンテック企業が顔認証システムを普及させ、信用格付けも手がけている。こうした動きは決済、預金、融資などに急速に波及しているので、これを規制しなければ中国建設銀行などの国有銀行は即死だ。国有企業は政府が人事を担い、政府の身近な人たちが働いて国全体の雇用を維持している。その国有企業を優遇すれば今度はＩＴ企業が成長できず、国力が著しくそがれる。はたしてどこまで耐えられるか。

――人権問題などで西側諸国と対立する中国と、日本はどう付き合うべきでしょうか。

放っておけばいい。米国の後ろにくっついて中国に意地悪するのはやめたほうがいい。日本にそんな力はない。日本と中国は、戦争という不幸な時期もあったが、それ以外はおよそ1500年にわたってうまくやってきた。

日本が目指すべき方向は大国ではなく、「クオリティ国家」。イメージとしては大国の隣にある小国で、ドイツやフランスの隣のスイスだ。1人当たりGDPが隣国より高く国民がいい生活をし、ユニークなコア技術とブランドをいくつも持っている。スウェーデンも人口1000万人ほどだが、人口8000万人のドイツでアパレルのH&Mなどが稼ぎまくっている。

歴史的に見れば日本のGDPは中国の10分の1。過去100年がむしろ例外的だった。漢字をはじめ多くの文化や技術も中国に依存してきた。こんなに近くに巨大で肥沃な市場があるのだから使ってなんぼ。大チャンスだと思って稼ぎまくればいい。日本はおむつや哺乳瓶、ユニクロのヒートテックをはじめ、個別の商品が中国で高く評価されている。素材や部品を含めれば中国で売れるものが韓国の10倍くらいはあるはずだ。
それから中国はあまりにも短期間で成功したため、経営者にいわゆる時間軸的な忍耐力がない。今日始めたらあさってに成功しないと金は逃げていく。だから何十年もかけてやらないとうまくいかない素材・部品の分野や製造装置、理化学機器も日本企業の生きる道になるだろう。金さえ出せば機械で自動的に作れるようなものは駄目だ。

（聞き手・中山一貴）

大前研一（おおまえ・けんいち）
1943年生まれ。米マサチューセッツ工科大学大学院で博士号（原子力工学）取得。日立製作所を経て、マッキンゼー日本支社長、アジア太平洋地区会長を歴任。ビジネス・ブレークスルー大学学長として日本の将来を担う人材の育成に力を注ぐ。

【資源】エネルギー、食料の爆食が続く

中国は資源争奪の震源に

「2060年より前の炭素中立（カーボンニュートラル）の実現を目指し努力する」。2020年9月に開かれた国連総会で、習近平国家主席はこう表明した。世界の気候変動において、中国の存在は大きい。同国のエネルギー消費量（18年）は約32億トンと世界最大で、世界の消費量の22%を占める。

中国は2050年も世界最大のエネルギー消費国に

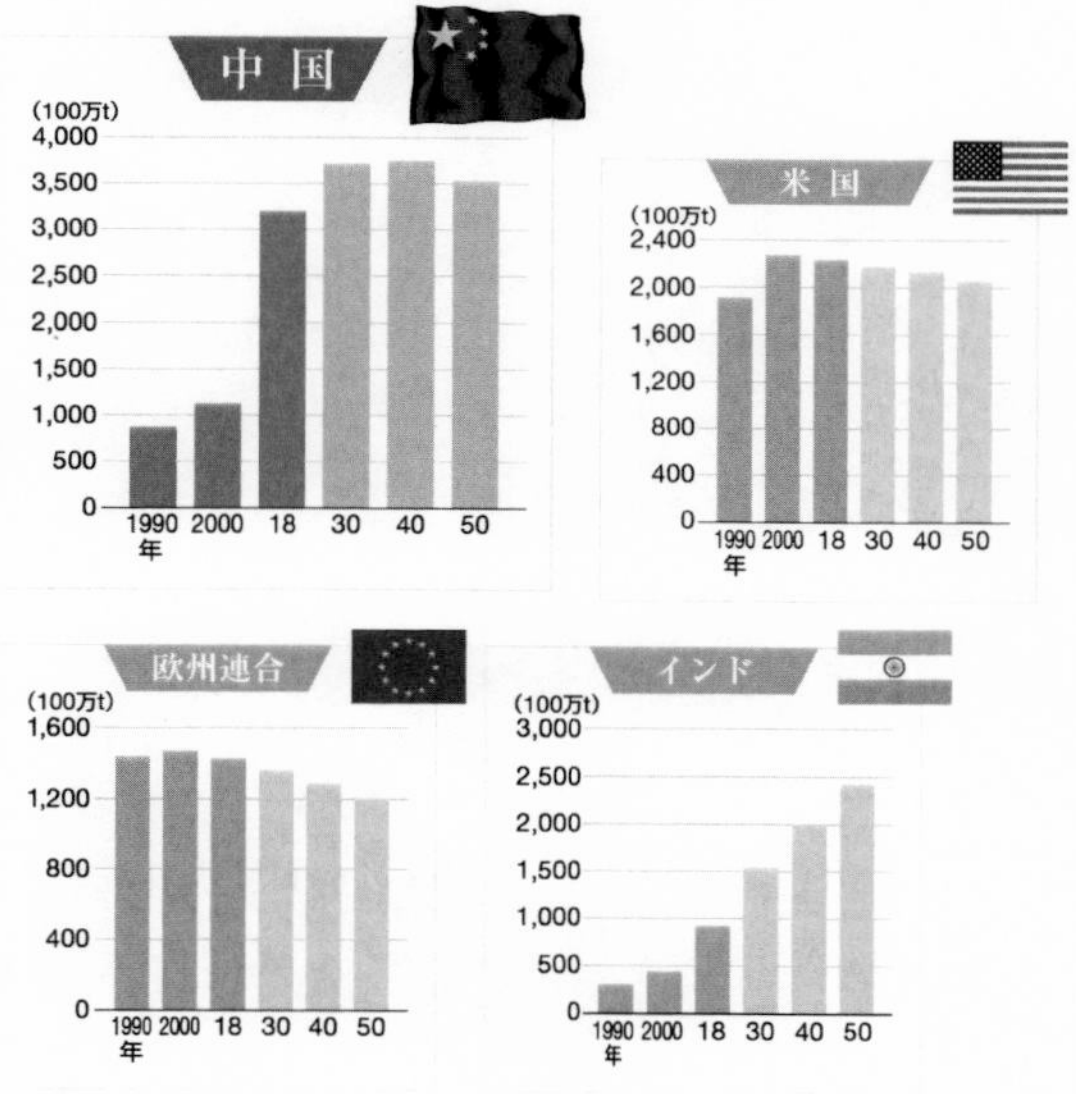

(注)世界の1次エネルギーの消費量。単位は石油換算100万t。見通しはレファレンスシナリオ
(出所)過去データはIEA「World Energy Balances」。見通しは日本エネルギー経済研究所

日本エネルギー経済研究所の小山堅専務理事は、「中国のエネルギー消費量は40年前後にピークアウトする見通しであるものの、しばらくは高水準の消費が続く。依存度の高い石炭から、再生可能エネルギーにどう転換するかが課題」と指摘する。中国のエネルギー消費に占める石炭の割合は約6割と高い。エネ研の推計によると、50年も石炭や石油の大量消費は続く見通しだ。「60年まで残り約40年あるとはいえ、中国のカーボンニュートラルの実現は容易ではないだろう」(同)。

一方、中国は脱炭素について、産業革命以降、歴史的に多くの温室効果ガスを排出してきた先進国が責任を取るべきだと主張している。途上国を味方にし、先進国を問い詰める立場に立つ可能性もある。また、EV(電気自動車)や再エネの普及に伴い、レアアースなどの需要急増も予想される。「重要鉱物の供給国である中国に、世界が依存する資源安全保障問題が起きるリスクもある」(同)。

中国のエネルギー消費は2040年頃から徐々に減る

中国のエネルギー消費の構成

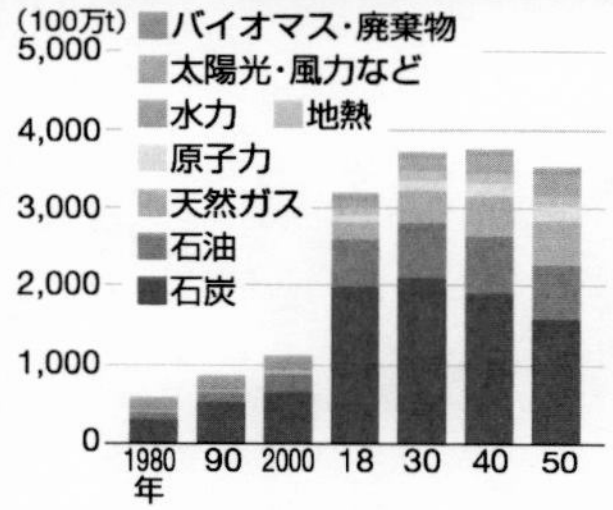

(注)1次エネルギーの消費量。単位は石油換算100万t。電力、熱、水素の輸出入は掲載していない。見通しはレファレンスシナリオ

(出所)日本エネルギー経済研究所

中国のCO_2排出量

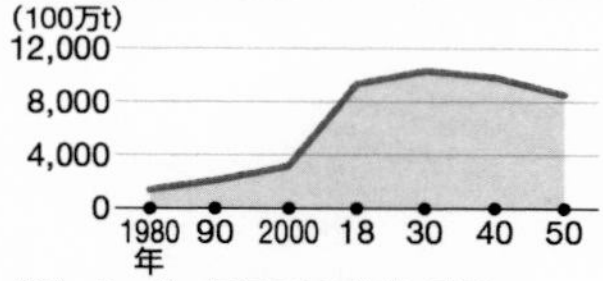

(注)エネルギー起源のCO_2排出。見通しはレファレンスシナリオ

(出所)日本エネルギー経済研究所

世界の食料問題でも中国が波乱要因になりそうだ。生活水準の向上で中国では肉類の消費が急増。例えば豚肉の輸入量は２０年に５１５万トンと、１０年前比で１２倍に増えている。飼料用となる穀物では、トウモロコシの２０年の輸入量が２６００万トンと１０年前比で２６倍と世界最大に。すでに大豆や米、小麦も純輸入国だ。

生活向上に伴い中国の食料輸入は急増

中国のトウモロコシ輸入量

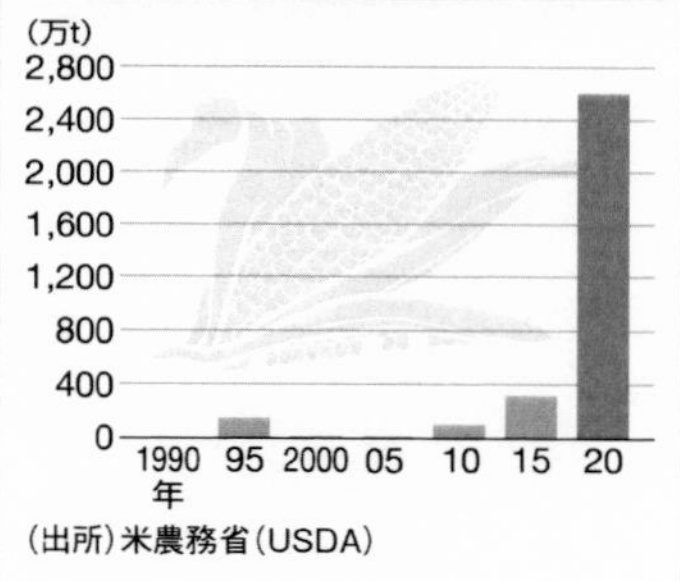

中国の豚肉の輸入量

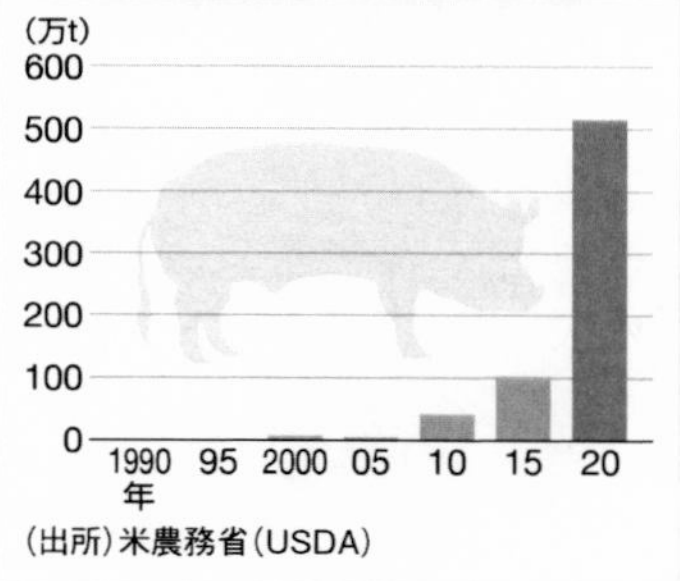

資源・食糧問題研究所の柴田明夫代表は「生活水準の向上に伴い今後も中国の輸入は増える見通しだが、供給国は米国やブラジルなど一部に限られていて、穀物の争奪戦が激しくなる。中国を軸に、世界の食料事情は不安定化が増しそうだ」と見通す。

（林　哲矢）

INTERVIEW

「中国優位のエネルギー新秩序　重要度増す鉱物資源で圧倒」

ＩＨＳマークイット副会長・ダニエル・ヤーギン

気候変動対策とともに激変するエネルギー秩序の中で、中国はどのような地位を占めるのか。米中の新冷戦は世界のエネルギー市場にどのような影響を与えるのか。日本は新秩序で勝者になれるのか——。エネルギー問題の世界的権威で多数の著書を持ち、英ＩＨＳマークイット社の副会長を務めるダニエル・ヤーギン氏に聞いた。

【ポイント】
・新たなエネルギーで中国は極めて優位に
・２０５０年に向け鉱物の重要性が増大

・米中対立が生む規制の影響に厳重注意を

――2060年までの地球温暖化ガス排出実質ゼロ達成を宣言した中国の狙いと実現可能性をどう見ていますか。

中国にとって、その宣言の意味は気候変動や都市公害の問題に限ったものではない。そこには地球規模の課題において、自らをリーダーとして第一線に置こうとする中国の狙いがある。宣言が中国の経済、そして政府機関や企業の優先事項として反映されていくインパクトの大きさを、誰もが感じ取ることができるだろう。

ただし、中国経済は石炭への依存度が非常に高く、その需要も増えており、排出ゼロは極めてチャレンジングな目標だと多くの中国人自身が認識している。だからこそ中国は、大部分の国々が掲げた50年より10年遅い60年という達成目標を宣言した。

――エネルギーの新秩序において中国は勝者となり、OPEC（石油輸出国機構）や

ロシアなどの産油国は敗者になると指摘しています。

私が20年の新著『The New Map』で論証した重要部分の1つが、〝新たなエネルギー〟に関して中国がいかに好位置にあるかという点だ。中国は世界の太陽光市場やリチウムイオン電池のサプライチェーンを支配しており、(電池などの原材料となる)主要な鉱物資源の多くでも圧倒的優位にある。そして電気自動車(EV)の世界市場で中心的なプレーヤーになることを目指している。

一方、主要産油国のサウジアラビアやロシアは〝エネルギー・トランジション(移行)〟が実際に何を意味するかという問題と格闘している。だが同時に、伝統的な石油会社による投資支出の削減を受けて、サウジやアブダビなど一部の主要産油国は生産能力を増やしている。

なぜか。彼らは、今後も長期にわたって世界で大量の石油が使われ続けると考えており、企業が後退すれば市場シェアを獲得する機会になるとみているためだ。

——50年のエネルギー市場はどう変化しているでしょうか。

今日、〝ビッグオイル〟といえば巨大石油会社を意味する。しかし、新著の中で、50年には〝ビッグショベル（Big Shovels ＝ 巨大採鉱会社）〟が注目されると予測している。なぜなら、世界のエネルギーシステムは採掘されるべき鉱物資源に今よりはるかに依存することになるからだ。

2050年という年はそれほど遠くないということを念頭に置く必要がある。（国内総生産で）総額90兆ドルに及ぶ今日の世界経済が、そのような短期間でエネルギーの基盤を完全に転換すると想像するのは非常に難しい。

太陽光や風力のコスト競争力は多くの国で格段に向上したとはいえ、世界経済がそれらにのみ完全に依存することは不可能だ。世界はまだエネルギーミックスに依存していると予測するのが現時点では合理的だろう。

だが、50年におけるエネルギーミックスは今とは違うものになる。再生可能エネルギーの比重は大きく高まり、水素産業も拡大が見込まれる。

一方で、なお大量の石油と天然ガスが使われる中、二酸化炭素の回収技術が劇的な進歩を遂げるなど、イノベーションや新技術に焦点が合わせられているだろう。

——新冷戦ともいわれる米中対立は世界のエネルギー市場にどう影響するでしょうか。

初めての著書『Shattered Peace』（1977年刊行）で米ソ冷戦の原点について執筆した。その私がまた新たな冷戦に関する本を書くことになろうとは予想すらしなかった。米中関係は過去5年で劇的に変わった。もはや「エンゲージメント（関与政策）」は適切な用語とはいえなくなった。現在の米中関係は「rivalry（競争・対立）」であり、緊張は今後も増大が続く。

皮肉にも中国は今、米国産の石油と天然ガスの主要な輸出先市場だ。しかし、米中間の緊張拡大は世界経済の営みにダメージを与え、エネルギー市場に負の影響をもたらすことになろう。米中間の競争はあらゆる次元で定着していく。21世紀の国家運営における最大の課題はそうした競争と対立関係にいかに対処するかであり、とりわけ今は台湾、南シナ海周辺に重大なリスクが存在している。

エネルギーに関してはまた別の次元の問題もある。米国は中国の影響力に対抗するため、途上国に対する資金供与で役割を増大させたいと考えている。しかし、もし途上国が求める石油・天然ガスプロジェクトに対して米国と西欧諸国が（脱炭素の観点から）資金供与を行わなければ、代わって中国が供与に乗り出し、影響力を拡大させることになろう。

――日本は米中両国と緊密な関係を持っています。激化する米中対立の中で日本企業はどう対応すべきでしょうか。

日本企業は慎重に行動する必要があり、米中の規制による影響について厳重な注意を怠るべきではない。それは難題である。もし日本政府の政策を中国が好ましく思わず、日本企業に圧力がかけられた場合、なおさら難題となるだろう。

米中との関係を踏まえて日本がいかに行動するかは、東南アジアや中東、中南米の指導者から私が聞いた問題と似ている。彼らのメッセージは、「（米中の）どちらかを選べ、という場面をつくるな！」というものだ。米中関係は今のところ、まだその段階にまで悪化していない。

しかし、２０２１年の世界経済フォーラムのオンライン会合（ダボス・アジェンダ）における演説で習近平総書記は、中国の国内市場の規模と成長性の大きさを各国は忘れるべきではないと強調していた。米国側になびこうとする国々の動きを牽制する発言といえる。

――エネルギーの新秩序の中で、はたして日本は勝者になれるでしょうか。

日本はその技術的・革新的な能力とエネルギー効率の先進性によって、きっと間違いなく勝者になれるはずだ。日本は新興市場国や発展途上国に対する非政治的な資金の供給者としてもリーダーとなれるだろう。

（聞き手・中村　稔）

ダニエル・ヤーギン（Daniel Yergin）

1947年生まれ。米イェール大学卒業、英ケンブリッジ大学で博士号取得。エネルギー問題の権威として米エネルギー省長官の諮問委員会委員などを歴任。著書に『石油の世紀』（92年にピュリツァー賞）や『The New Map: Energy, Climate, and the Clash of Nations』（日本語訳版は2021年11月刊行予定）など。

2050年の中国〔後編〕 目次

「日本と同じ低成長の道へ　脱却には所得分配がカギ」
・近未来の基軸通貨化はない
・INTERVIEW　シンガポール国立大学名誉フェロー　キショール・マブバニ
「米国には対中長期戦略がない　中国の狙いは軍事より経済」
・【日中関係】対中外交は今後10年が正念場
・INTERVIEW　みずほリサーチ&テクノロジーズ理事長・中尾武彦
「中国はナショナリズム抑制を　戦前日本の失敗を教訓に」
・AIIBが日本企業関与の案件に初融資
・【ビジネス】中国発ブランドが世界を席巻
・「寝そべり」を望む中国エリート
・INTERVIEW　サントリーホールディングス社長・新浪剛史
「30年後もインドより中国　日本企業はリスク覚悟で勝負を」
・中国を暴走させないために

【週刊東洋経済】

本書は、東洋経済新報社『週刊東洋経済』2021年7月24日号より抜粋、加筆修正のうえ制作しています。この記事が完全収録された底本をはじめ、雑誌バックナンバーは小社ホームページからもお求めいただけます。

小社では、『週刊東洋経済eビジネス新書』シリーズをはじめ、このほかにも多数の電子書籍ラインナップをそろえております。ぜひストアにて「東洋経済」で検索してみてください。

『週刊東洋経済eビジネス新書』シリーズ

No.359 テスラの実力
No.360 定年消滅
No.361 激動の半導体
No.362 不動産 勝者と敗者
No.363 弁護士業界 最前線

No.364 ＹｏｕＴｕｂｅの極意
No.365 デジタル大国　中国
No.366 地銀　大再編
No.367 おうちで稼ぐ！
No.368 老後マネーの育て方
No.369 製薬　大リストラ
No.370 リスクシナリオ　２０２１
No.371 富裕層マル秘マネー学
No.372 コロナ時代の新住宅事情
No.373 日立・三菱重工の岐路
No.374 脱炭素サバイバル
No.375 郵政崩壊
No.376 脱・ストレスの処方箋
No.377 働き方と経営の法律

No.378　コロナ倒産危機
No.379　車載半導体　争奪戦
No.380　マルクス vs. ケインズ
No.381　医療テック最前線
No.382　漂流する東芝
No.383　不動産投資　光と影
No.384　コンサル全解明
No.385　大転換の商社ビジネス
No.386　会社とジェンダー
No.387　全解明　経済安全保障
No.388　ソニー　掛け算の経営

週刊東洋経済eビジネス新書　No.389
2050年の中国〔前編〕

【本誌（底本）】
編集局　秦　卓弥、林　哲矢
デザイン　池田　梢、小林由依、藤本麻衣
進行管理　三隅多香子
発行日　2021年7月24日

【電子版】
編集制作　塚田由紀夫、長谷川　隆
デザイン　市川和代
制作協力　丸井工文社
発行日　2022年4月7日　Ver.1

発行所　〒103-8345
東京都中央区日本橋本石町1-2-1
東洋経済新報社
電話　東洋経済コールセンター
03（6386）1040
https://toyokeizai.net/
発行人　駒橋憲一

電子書籍化に際しては、仕様上の都合などにより適宜編集を加えています。登場人物に関する情報、価格、為替レートなどは、特に記載のない限り底本編集当時のものです。一部の漢字を簡易慣用字体やかなで表記している場合があります。本書は縦書きでレイアウトしています。ご覧になる機種により表示に差が生じることがあります。

※本刊行物は、電子書籍版に基づいてプリントオンデマンド版として作成されたものです。